A todos cuyos recuerdos desvanecidos nos dan la fuerza para seguir luchando juntos. No hay mejor recuerdo que ser su memoria.

A cada Juancho.

—¿Qué te pasa, Carlo? —dijo Memorín acercándose a su amiga—. Te encuentro muy triste y tú no eres así.

Memorín se colocó junto a Carlo, pasó su brazo alrededor del cuello y reclinó su cabeza colocándola sobre el hombro derecho de la niña.

—No lo sé, Memorín. Anoche vino mi abuelo a pasar unos días con nosotros y eso me encanta, pero se olvidó de mi nombre. Bueno, en realidad de mí. Me preguntó que quién era yo. Mi abuelo, Memorín, mi abuelo se ha olvidado de mí. ¡Y eso que fuimos a pasar la Semana Santa con él al pueblo! Creo que no me quiere, quizás no sea una buena nieta.

—No digas eso, Carlo, seguro que te está gastando una broma. Ya sabes cómo es. ¡¿Cómo se va a olvidar de ti?! ¡Eres su nieta favorita!

No sabía qué pasaba. ¿Cómo iba el abuelo Juancho a olvidarse de su nieta? Se quedaron abrazados tristes y silenciosos un rato. Ambos sabían que algo raro sucedía.

Después del tiempo en silencio, los dos amigos decidieron ir a comprar chuches a la tienda de Lali. Lali era una mujer pequeña y divertida que siempre los hacía sonreír y pronto olvidaron su pena.

—Yo quiero dos regalices, un gato de goma y tres tronqui-tos —dijo feliz Memorín.

—Yo una piruleta de corazón, dos moras y ... —antes de acabar la frase, Lali ya había salido de detrás del mostrador y se acercó a ellos.

—Chicos, eso tiene mucho azúcar y no os viene bien. ¿Por qué no cogéis mejor una bolsa de frutos secos para los dos y os sentáis allí enfrente a jugar y a hablar de vuestras cosas?

Carlo y Memorín aceptaron el consejo de su amiga, cogieron una bolsa de nueces, anacardos y pistachos. Salieron felices a la calle.

A las 8, cuando el reloj de la plaza comenzó a sonar y los amigos tenían la cara llena de migas, se dieron cuenta de que se había hecho súper tarde.

—Oh, oh, me voy corriendo que me van a regañar —gritó Carlo alejándose rápidamente.

—Chao, amiga. Y dale un beso súper fuerte a Juancho —dijo Memorín agitando su mano en señal de despedida.

Ahora Carlo, que volvió a acordarse de que su abuelo no sabía quién era, se dispuso a plantarle cara. No estaba dispuesta a que su abuelo se olvidase de ella y, lo que era peor, que prefiriese a otro niño en su lugar. De ninguna de las maneras. Eso nunca.

Carlo llegó a casa, llamó al timbre y, nada más abrir la puerta ya comenzó a decirle a su abuelo todo lo que traía pensado:

—Aquí estoy abuelo, soy Carlo, la mejor nieta que existe y con la que más te gusta jugar. Ningún otro niño del mundo

te quiere tanto ni le gusta tanto como a mí estar contigo —
soltó todo lo brava que pudo.

Y Juancho, que no sabía por qué su nieta decía todo eso,
comenzó a reírse estrepitosamente mientras se acercaba a
ella y la cogía en brazos.

—Tengo la nieta más guapa. Qué grande se está haciendo. Ya no puedo contigo, ja, ja, ja, ja —se reía—. Y claro que eres la persona del mundo que más quiero. ¡Qué ocurrencia pensar que quiero más a otros niños!

—Pero ¿sabes quién soy?

— Ja, ja, ja —volvió a reír el abuelo. ¿Cómo iba a olvidar él a la niña de sus ojos?

Y por un momento la pequeña dudó. Ya no sabía si su abuelo le tomaba el pelo, si lo del día anterior se lo había imaginado o que el mundo se volvía loco. Entonces, sonrió. Su abuelo se acordaba de ella y la seguía queriendo mucho.

—Buenos días, Carlo. ¿Lista para empezar el día? —dijo Juancho nada más sentarse en la mesa—. Desayuna con ganas.

Carlo sonrió contenta. Estaba claro que su abuelo era un bromista y que le había tomado el pelo. Ya idearía ella algo también para reírse de él.

Buenos días, abuelo —contestó la niña besándole la mejilla—. ¿Has dormido bien? Espero que estés muy animado, pues te voy a hacer trabajar de lo lindo. Quizás no aguantes mi ritmo —dijo retadora.

¡¿Será posible!? —gritó el abuelo para que también los padres de Carlo oyeran lo que iba a decir—. Este renacuajo retándome. Se va a enterar esta mocosa de lo que es un abuelo en plena forma —y soltó una tremenda carcajada que casi hizo temblar las paredes—¡se va a enterar!

Juancho desayunó con ganas, pues el apetito no había menguado, todo lo contrario, tenía un hambre voraz. Luego, como llevaba memorizando toda la noche, se fue a su cuarto y miró en la pequeña agenda lo que el médico le había recomendado usar.

TEXTO DE LA AGENDA:

Carlo es la niña de mis ojos. Tiene 12 años. Le gusta el fútbol, toca el bombardino y montamos juntos en bicicleta. Bromeamos siempre mucho. No le gusta el tomate. Su cumpleaños es el 10 de marzo.

Alberto es mi nieto y tiene 16 años. Toca el piano. Le gusta la natación y odia los pepinillos y la cebolla. Su cumpleaños es el 31 de julio.

Carlo entró sin llamar al dormitorio de su abuelo para decirle que se diese prisa, que estaban las bicicleta preparadas y que ya quería salir a dar una vuelta con él.

—¿Qué haces? —dijo Carlo al ver que su abuelo escondía rápidamente algo tras su espalda.

Juancho escondía la libreta donde apuntaba todas las cosas importantes. Tenía todo sobre sus nietos; sus nombres, lo que les gustaba y las fechas de sus cumpleaños. También lo tenía de su hija y su yerno, era como su memoria extraíble.

—¡Venga, Carlo, salgamos! ¡Ya estoy como loco por coger la bicicleta y recorrer la urba.

Juancho no dejó a su nieta mirar lo que escondía; se levantó de un salto y la empujó fuera del cuarto. Cerró y salió a toda prisa al jardín. Las bicicletas esperaban jubilosas a entablar la marcha.

El paseo fue extraordinario; más de una hora el abuelo, la nieta y Memorín estuvieron correteando por las calles del pueblo. Incluso pararon a tomar una fanta y descansar un rato.

—Abuelo, me alegro mucho de que te quedes este verano con nosotros —dijo la niña sonriendo—, aunque te tengo preparadas un par de bromas que te van a hacer olvidar la que me hiciste ayer —rió.

—No se te ocurrirá reírte de tu abuelo, ¿no?

—A carcajadas —dijo la niña solamente al planear las bromas.

Carla agarró de la mano a Memorín y sonrió. Juntos planearían una buena broma para el abuelo.

Hacía un par de meses que a Juancho le habían diagnosticado Alzhéimer; una enfermedad incurable en la que se van olvidando las cosas. Se lo había comentado a su hija, pero no se atrevía a hablar de ello con sus nietos. No quería parecer débil ni mayor y tampoco que Carlo y Alberto lo dejasen de querer. Así que tomó la decisión de no decir nada.

El médico le había recomendado que apuntase todo lo que tenía que hacer, todas las cosas importantes. Juancho se había comprado una agenda y en ella anotaba todo. Al principio de forma muy limpia y ordenada pero, a medida que avanzaba la enfermedad, la letra era ilegible, las frases inconexas y las anotaciones cada vez menores. El alzhéimer no afecta solo a los recuerdos...

Una noche cuando el abuelo salió a pasear con la mamá de Carlo, esta fue a su habitación. No era cotilla, pero le intriga mucho qué ponía en el cuadernillo rojo de su abuelo.

Entre las muchas anotaciones, algunas que Carlo no pudo ni leer ni entender, había un papel con el logotipo del hospital. Se leía claramente «diagnóstico: Alzhéimer». Carlo llamó a Memorín y su amigo le recomendó que hablase con su madre.

—Mamá, sé que el abuelo está enfermo. En un papel pone alzhéimer y sé lo que es, lo he buscado en google —dijo contundente a su madre para que no se le ocurriese negarlo.

—Bueno, él me ha pedido que no os dijese nada a tu hermano y a ti. Hay que respetar su decisión —contestó su madre comprensiva—, pero está bien. No te preocupes, solo hay que cuidarle un poco.

—Pues claro que estoy preocupada. Quiero mucho al abuelo y no quiero que le pase nada y, sobre todo, no quiero que se olvide de mí. ¡No quiero! —dijo llorando la niña.

Su madre, con mucha serenidad y confianza, le fue explicando a Carlo lo que le iba a ir ocurriendo a su abuelo.

Al principio, son solo pequeños olvidos que pueden pasar inadvertidos, pero poco a poco se van haciendo habituales.

—¿De verdad, mamá? ¿Se va a olvidar de mí? —dijo enormemente triste Carlo.

La niña se quedó en silencio, no entendía nada. Su mamá siguió relatando:

—Tendrá días buenos y otros no tanto. A medida que pase el tiempo, los olvidos serán más frecuentes, se desorientará. Puede, incluso, que en ocasiones se enfade con nosotras, que no quiera jugar contigo o que se niegue, por ejemplo, a comer o ducharse. Pero nunca te enfades con él, entien-

de que es su enfermedad y que tu abuelo, el que tanto te quiere y siempre quiere jugar contigo, vive dentro de él. Solo cambia lo que la enfermedad le provoca.

—Pero, mamá, yo no quiero que se olvide de mí —dijo casi gritando.

—Ni tú ni nadie, Carlo, pero no depende de nosotras. Nadie elige una enfermedad u otra. Es parte de la vida y , o lo aceptas o vivirás muy amargada.

Carlo se encerró en su habitación. Estuvo a punto de echarse a llorar, pero no quiso. Incluso cuando sus ojos se llenaron de lágrimas, decidió que no, que ni el alzhéimer ni nada acabarían con su relación con Juancho. Estaba dispuesta a todo. Llamó a Memorín y le pidió que viniese a su casa, estaba decidida a luchar por su abuelo con la ayuda de su amigo.

Esa tarde después de que el abuelo se levantara de la siesta, Carlo le dijo que si se iban los tres a pasear por el parque. Hicieron bocatas y se marcharon. Ya en un banco a la sombra Carlo se sinceró con su abuelo, le pidió perdón por haber leído su diario. Ella sabía que estaba muy mal entrar en la habitación sin permiso y andar entre sus cosas, pero gracias a eso sabía su secreto. Los dos lo conocían.

—No es un secreto, mi niña, solamente no quiero que sufráis —dijo Juancho.

Y Carlo, que no podía ver sufrir a su abuelo, llegó a un gran acuerdo con él. Prometió cuidarlo todos los días. Prometió que tendría paciencia y que no le regañaría. Prometió que sería su agenda para recordarle todo. Prometió que le daría la mano y saldrían juntos a pasear por el parque. Prometió que no se separaría de él y que los tres juntos serían el mejor equipo antialzhéimer.

© Ruth Pindado González (de la obra)
©Apuleyo Ediciones (de esta edición)
Primera edición en Apuleyo Ediciones: Febrero 2024
Diseño de cubierta: Sofía Corzo González
Corrección: Lorena Maestre Gregori
Maquetación: Alejandro Bermejo Cercas
Ilustraciones: Bárbara Gandini
Coordinación editorial: Isidoro Cidre González
info@apuleyoediciones.com
www.apuleyoediciones.com
ISBN: 978-84-10068-74-2
Depósito legal: H 588-2023

Hecho e impreso en España.